AF339050

L'OMBRE

DE

NAPOLÉON

AUX

FRANÇAIS.

J'ai toujours aimé la jeunesse française : ardente et courageuse, ses idées sont grandes, ses sentimens élevés, nobles et généreux. De nos jours elle réunit à l'esprit et aux talens naturels qui sont si communs en France, une instruction aussi solide que variée. Sa maturité précoce plaît et étonne. Ornement et espoir de la patrie, il lui est réservé de commencer une Ère nouvelle où l'on ne verra plus ni exagérations folles, ni préférences odieuses, ni exclusions injustes. (Pag. 15.)

PAR SIMONOT, ANCIEN AIDE-DE-CAMP.

À PARIS,

CHEZ CORRÉARD, LIBRAIRE, PALAIS-ROYAL;

ET CHEZ L'AUTEUR,

A SON CABINET DE LECTURE, RUE DU ROULE, N°. 2.

AOUT 1821.

IMPRIMERIE DE GUIRAUDET, RUE St.-HONORÉ,
Nº. 315.

L'OMBRE

DE

NAPOLÉON

AUX

FRANÇAIS.

Du séjour où toutes les illusions cessent, où la vérité apparaît sans aucun voile, il m'est permis d'abaisser encore une fois mes regards sur cette France que j'ai tant aimée, à qui j'ai voulu donner le bonheur et la gloire. Quel triste résultat de si prodigieux efforts ! Comment ce colosse de puissance, que j'élevais avec tant de soin pour le bonheur des générations futures, a-t-il été tout à coup renversé ?

Les esprits étroits, qui ne sont pas rares, même parmi ceux qui se croient de grands hommes d'état , s'enorgueilliraient moins de ma chute s'ils pouvaient en connaître les causes secrètes , s'il leur était donné surtout d'en prévoir les résultats probables. Moi seul j'avais assez de force pour arrêter la marche des révolutions , pour donner aux esprits une direction nouvelle , et établir en Europe un ordre immuable qui lui aurait garanti de longues années de paix et de prospérité : et , pour cela , je n'avais nul besoin de comprimer les vœux des peuples par la force des armes , de faire la guerre à des opinions exaltées que je n'aurais pas laissé naître , parce que le moment était proche où leur manifestation aurait été sans utilité et sans objet. Mes contemporains ne m'ont pas compris ; mais la postérité me rendra plus de justice. Elle reconnaîtra que cette ambition démesurée, à laquelle on adresse encore aujourd'hui des reproches si violens et si peu fondés, n'était que le développement d'un plan immense dont toutes les parties étaient parfaitement coordonnées entre elles. Les résistances les plus opiniâtres avaient été surmontées ; je touchais au but, objet de tant d'efforts et de sacrifices ; le despotisme maritime, qui sera toujours un obstacle à l'établissement et aux progrès de la liberté et de la civilisation européennes, allait être forcé dans ses derniers retranchemens, lorsque la fureur des élémens vainquit la plus belle et la plus brillante armée qui ait jamais marché sous les ordres d'un seul homme.

Aucune parole ne peut exprimer mon affliction profonde à cet épouvantable désastre : les cœurs froids, dont toute la douleur s'exhale en vaines exclamations, ont feint de révoquer la mienne en doute. Peut-être ils auraient voulu que j'eusse imité ce pusillanime Auguste qui, frappant de sa tête, à jamais déshonorée par les proscriptions du triumvirat, les murs de son palais, redemandait à Varus ses légions perdues dans les marais de la Germanie. Mais le chef qui alors avait l'honneur de commander à la noble et magnanime nation française, ne pouvait pas s'abandonner au découragement dont fut saisi l'empereur des Romains dégénérés.

La terre des héros enfanta de nouvelles armées ; les champs de la Saxe furent encore une fois témoins de nos triomphes, et la victoire n'aurait point abandonné nos drapeaux si la défection la plus lâche et la plus imprévue n'avait pas tout à coup paralysé toutes mes combinaisons. A la honte éternelle des coupables chefs qui, désobéissant à leur Roi, ont entraîné les braves troupes qu'ils commandaient, c'est au milieu même du combat le plus acharné, jusque-là glorieusement soutenu contre des forces très-supérieures , qu'ils abandonnent un poste important , qu'ils laissent dans la ligne de bataille un vide immense où l'ennemi ne manque pas de se jeter, et que, non contens de ce premier acte de déloyauté, ils tournent à l'instant même les armes que j'ai mises en leurs mains , contre des alliés dont ils partageaient depuis plusieurs années les fatigues , les périls et la gloire. L'histoire conservera leurs noms pour les dévouer à l'ignominie qui est devenue leur inévitable partage.

J'ai vu des hommes, qui visent à la profondeur, s'étonner de la confiance que j'avais placée dans mes alliés d'outre-Rhin : elle a été, je ne le sais que trop, indignement trompée; mais cette faute d'un cœur droit et généreux est encore aujourd'hui l'une de celles que je me reproche le moins. Si les liens du sang, si la reconnaissance pour les bienfaits , si des traités authentiques et formels ne doivent inspirer aucune sécurité, je cherche en vain ce qui pourra imposer aux hommes des obligations et des devoirs qui soient sacrés à leurs yeux. Au reste, et il faut le dire à l'honneur de la dignité souveraine, ce n'est point aux monarques eux-mêmes que l'on doit imputer ces noires trahisons. Des ministres et des généraux ambitieux se sont seuls chargés de cette honte. Ce n'était pas de son propre mouvement que le beau-père de mon brave Eugène, ce prince tout Français par son caractère et ses anciennes habitudes, envoyait les Bavarois qui, dans nos rangs, s'étaient couverts de gloire à Eckmülh et à Ratisbonne, se faire écraser à Hanau, en essayant de couper la retraite à une armée que tous les fléaux accablaient. Le vénérable roi de Saxe nous est demeuré fidèle au milieu même de nos ennemis vainqueurs pour la première fois, et celui du Wurtemberg n'a cédé qu'à la force en se déclarant à la fin contre nous. Ces honorables exemples donnent un nouvel éclat à la noble maxime que professait l'un des monarques qui m'ont précédé sur le trône de France ; *Si la bonne foi était bannie de toute la terre, elle devrait encore se retrouver dans le cœur des Rois.*

Français ! de rigoureux destins se sont accomplis. Sans doute le moment n'était pas encore arrivé où les vastes projets que j'avais conçus pouvaient recevoir leur exécution. Du faîte de la puissance et de la gloire, notre belle patrie est tombée dans la douleur et l'abaissement ;

mais elle n'a point été avilie dans ses revers : le malheur l'a trouvée pleine d'un noble courage. D'immenses ressources, fruit de nos longues victoires, d'une administration habile et forte, et d'un prodigieux développement d'industrie, ont pu, contre tout espoir, assouvir l'inconcevable exigeance des hommes qui s'étaient présentés avec les apparences d'un si louable désintéressement, et comme animés du seul désir de lui rendre le bonheur et la paix.

Ces effroyables contributions imposées à un peuple ami, exemple unique dans les fastes du monde, ont été acquittées avec une admirable exactitude, et la France est encore le pays de l'Europe où le numéraire circule avec le plus de liberté et d'abondance (1). Osera-t-on dire

____

(1) Des détails officiels donnés à l'occasion d'un projet de refonte des monnaies, prouvent qu'il existe encore près de quinze cent millions d'anciennes espèces d'or et d'argent. C'est trop peu que d'évaluer à un milliard le montant des nouvelles pièces frappées suivant le système décimal. Deux milliards de contributions de guerre ou de dépenses analogues ont été payées à nos nobles et généreux alliés. Quelle était donc, à la chute de l'empire, après les pertes immenses faites à l'étranger, après deux invasions désastreuses, la véritable situation de cette France qu'on nous représentait comme appauvrie et ruinée par

encore que je ne connaissais d'autre gloire que
celle des conquêtes ? Des preuves qui frappent

---

vingt - cinq ans de discordes civiles ? Pourquoi toujours
exagérer, c'est-à-dire mentir avec une grossière impuden-
ce, comme s'il n'était pas notoire que, depuis 1799, la
France a joui dans l'intérieur d'une paix profonde qui n'a
pas été troublée un seul instant. Il en est de ces assertions
ridiculement erronées, comme de ces quatorze cents ans
de gloire et de prospérité de l'ancienne monarchie, qu'on
nous jette effrontément au visage, sans songer que l'histoire est là pour nous apprendre que, sous les deux pre-
mières races de nos Rois, la France a presque toujours été
plongée dans une épouvantable barbarie ; que, si la troi-
sième nous a donné quelques grands princes, et, ce qui
vaut mieux encore, trois ou quatre bons Rois, néanmoins,
dans cet espace de huit cents ans qui se sont écoulés depuis l'envahissement de la puissance suprême par le chef
de la dynastie actuelle, d'effroyables calamités ont sou-
vent pesé sur la France ; que de longues et cruelles guerres
civiles ou étrangères l'ont fréquemment désolée ; que les
Anglais, nos éternels et implacables rivaux, ont été pendant trois siècles et demi maîtres d'une grande partie du
territoire ; qu'un de leurs Rois a été publiquement et so-
lennellement couronné Roi de France dans Paris ; et qu'enfin chacune des trente années du seul règne de l'infortuné
Charles VI a offert un aussi triste et affligeant spectacle
que les deux années de la révolution française dont tout
ami de la patrie et de l'humanité voudrait pouvoir effacer
jusqu'au souvenir. Voilà ce que savent aujourd'hui ceux
mêmes qui n'ont reçu qu'une éducation fort commune ; et

tous les yeux répondent victorieusement à ces imputations trop absurdes pour exiger une réfutation sérieuse.

On criait au despotisme quand je tenais dans mes mains les destinées de l'Europe ; la liberté des peuples devait être le prix des efforts qu'ils feraient pour m'abattre. Ils se sont laissés prendre au piége. Qu'ils jugent maintenant, après six années révolues, comment on est disposé à leur tenir parole! Des doctrines mystérieuses et bizarres sont mises en crédit, et menacent de faire rétrograder la civilisation. On subtilise sur des théories abstraites de droits légitimes, quand l'indépendance des nations, ouvertement violée, prouve que l'on ne reconnaît d'autre droit que la force. Une alliance décorée du nom de *Sainte* paraît contractée dans les vues les plus philantropiques. Qu'est-elle en effet? Le moment n'est peut-être pas encore venu d'expliquer à ce sujet sa pensée toute entière.

---

le nombre en est grand. A qui donc prétend-on en imposer par ces puérils mensonges, dont toute la honte retombe sur leurs auteurs ? A une populace ignorante qui n'est d'aucun poids dans la balance des intérêts politiques : est-ce bien la peine de s'avilir pour un aussi mince profit?

Si un véritable zèle pour la religion du Christ animait les puissans de la terre resteraient-ils insensibles aux cris des malheureux Grecs dont le sang inonde cette terre classique à laquelle s'attachent de si touchans souvenirs ? Le respect pour la légitimité s'étendrait-il jusqu'au barbare Ottoman qui, depuis quatre siècles, appésantit son joug de fer sur l'une des plus belles parties de notre Europe? Des représentations énergiques, concertées dans l'intérêt de la religion et de l'humanité, n'auraient - elles pas mis un terme à ces cruautés abominables qui nous reportent aux temps des Timur et des Gengis ? Si de telles circonstances s'étaient offertes lorsque le drapeau français flottait sur les côtes de la Dalmatie, au-delà des bouches du Cattaro, on ne m'aurait pas reproché ces cruelles hésitations qui chaque jour coûtent la vie à des milliers d'hommes, et accumulent des ruines qu'un demi-siècle ne pourra faire disparaître. Mais la France est aujourd'hui condamnée à ne faire entendre que des vœux impuissans ; et si quelque chose pouvait la consoler de sa triste nullité, ce serait de la voir partagée par son altière rivale, exclue comme elle de la diplomatie Européenne. Que l'Angleterre s'enorgueillisse maintenant de sa supériorité maritime ; que son gouvernement se vante d'avoir, pendant vingt ans , prodigué le-sang et·l'or pour abaisser la puissance française ; une puissance plus formidable pour lui s'est élevée que tous ses efforts ne parviendront pas à abattre. C'est en vain qu'il tâche de dissimuler l'embarras d'une situation nouvelle et imprévue; il sent que son influence est perdue sur le continent, et qu'un peu plus tard le sceptre des mers pourrait bien lui échapper.

Quelle force humaine arrêtera aujourd'hui les progrès de la Russie ? Depuis cent ans son cabinet suit avec persévérance une marche progessive, que le caractère et le génie particulier du souverain peut ralentir ou accélerer, mais qui est toujours invariablement dirigée vers le même but. Voyez quels pas immenses a fait cet Empire, même de nos jours ! Il s'appuye sur la Vistule et aux frontières de la Chine, enveloppe la mer Caspienne, le Caucase, la mer Noire, pénètre jusques au cœur de la Perse et de la Turquie d'Europe. Et ce ne sont pas simplement des aggrégations, des confédérations d'états, comme celles que j'avais formées; ce dont il s'empare ,il se l'approprie, le fond dans son énorme masse, et on ne peut plus l'en séparer. S'il dédaigne encore, dans les circonstances actuelles, de s'avancer jusqu'à Constantinople , c'est uniquement parce que des considérations politiques, prises en grande partie dans le caractère personnel du Prince, pourront s'y opposer. Mais dans vingt ans au plus tard, cette grande révolution est absolument inévitable ; et alors, je le demande à l'Angleterre, croit-elle que les îles Ionienes, Malte et Gibraltar, la protégeront suffisamment dans la Méditerrannée ? Que serait-ce si une querelle sérieuse s'engageait entre les deux états, si une armée russe tentait de pénétrer dans l'Inde, où elle arriverait en cinquante jours de marche, en traversant la Perse qui serait hors d'état de lui disputer le passage ? Je ne parle point des puissances continentales ; elles subiront alors la loi que la Russie voudra leur imposer.

Voilà ce que j'avais aperçu depuis long-temps, et ce à quoi je voulais mettre obstacle. Ma guerre de Russie était toute politique ; elle était Européenne. Je marchais à un double but, également utile. En enlevant à l'Angleterre son dernier point d'appui sur le continent, je la forçais à être juste, à souffrir que tous les peuples prissent, dans le commerce maritime, une part égale, ou du moins proportionnée à leurs moyens respectifs. La Russie vaincue aurait été ramenée à ses limites natu-

relles, et j'arrêtais, pour deux siècles, ses re-
doutables envahissemens. Mais encore une fois
l'on ne m'a pas compris.

Et toi, malheureuse France, que j'avais ren-
due si brillante, et que l'on a si impitoyable-
ment dépouillée, quel sera, dans un avenir plus
éloigné, le rang que tu pourras encore occuper
en Europe ? car aujourd'hui ta vertu, celle des
faibles, c'est la résignation. Quand je parle de
ta faiblesse, ne crois pas que j'entende une faiblesse absolue. Qui mieux que moi peut connaître les prodigieuses ressources que tu ren-
fermes encore dans ton sein? Unie et bien dirigée tu pourrais de nouveau résister à l'Europe
entière. Mais quand on souffre que des hommes
inconsidérés prennent chaque jour à tâche de
flétrir tout ce que nous avons fait de grand et
de vraiment national pendant vingt cinq ans,
pour rehausser les exploits équivoques d'une
minorité imperceptible, sur laquelle on semble
vouloir s'appuyer exclusivement; quand des
milliers de braves, de magistrats, de fonction-
naires, d'employés de toutes les classes, et jusqu'à des ministres des autels, sont méconnus,
repoussés, et languissent pour la plupart dans
le besoin, après avoir servi l'état pendant de
longues années ; lorsqu'on s'applique ainsi, avec

une déplorable persévérance, à diviser tes forces, au lieu de les réunir en un faisceau que rien ne saurait briser, comment pourrais-tu, noble France, obtenir au dehors toute la considération qui t'est due, et peser convenablement dans la balance politique.

Au reste, il est impossible qu'un système aussi faux soit suivi long-temps encore. La seule force des choses obligera d'en changer. Il ne faudra pour cela ni renversement de trône, ni dynastie nouvelle, ni aucune de ces révolutions qui, quelque juste que puisse en paraître le principe, entraînent toujours de si horribles désastres. J'ai imprimé un grand mouvement aux esprits. Vainement on s'efforcerait de l'arrêter.

J'ai toujours aimé la jeunesse française : ardente et courageuse, ses idées sont grandes, ses sentimens élevés, nobles et généreux. De nos jours, elle réunit à l'esprit et aux talens naturels, qui sont si communs en France, une instruction aussi solide que variée. Sa maturité précoce plaît et étonne. Ornement et espoir de la patrie il lui est réservé de commencer une Ère nouvelle où l'on ne verra plus ni exagérations folles, ni préférences odieuses, ni exclusions injustes. Laborieuse, appliquée, avide de connaissances, et bien éloignée de cette frivolité ridicule qu'on lui reprochait autrefois, elle est naturellement appellée, quoique l'on fasse, à remplir toutes les fonctions publiques, militaires ou civiles. Les sottes idées, les préjugés antiques que l'on veut remettre en crédit, lui sont tout-à-fait étrangers, même dans les classes élevées; et malgré soi, il faudra revenir à cette protection égale pour tous les talens, qui avait fait ma force. Alors la France, de nouveau réunie sous un gouvernement devenu tout-à-fait national, parce qu'il aura su enfin comprendre ses véritables intérêts, pourra présenter à ses amis et à ses ennemis, une garantie de secours et une certitude de résistance qui accroîtra la confiance des uns, et imprimera aux autres un salutaire respect. Quel peuple qu'une réunion de trente millions d'hommes, quand ces hommes sont des Français, et qu'on est digne de leur commander ! ! !

FIN.